CIMBELINO

BY NICCOLÒ VAN WESTERHOUT
DRAMA IN FOUR ACTS

CIMBELINO

BY NICCOLÒ VAN WESTERHOUT
DRAMA IN FOUR ACTS

Copy Editors: Leonardo Campanile & Tiziano T. Dossena
Cover Design & Layout: Dominic A. Campanile

Cover Photo: Joe Pansa
Inside view of the Niccolò van Westerhout Theater
located in Mola Di Bari, Italy

Copyright © 2020 Idea Graphics, LLC - Port St. Lucie, FL
All rights reserved.
Email: ideapress33@gmail.com

No part of this book may be reproduced or transmitted in any form or by any means, graphically, electronically or mechanically, including photocopying, recording, taping, or by any information storage retrieval system, without the written permission of the holder of the copyright.

ISBN: 978-1-948651-12-7
ISMN: 979-0-800132-08-7
Library of Congress Control Number: 2020937096

Published by: Idea Press (an imprint of Idea Graphics, LLC) — Florida (USA)
www.ideapress-usa.com • email: ideapress33@gmail.com • editoreusa@gmail.com
Printed in the USA - 1st Edition, April, 2020

REDISCOVERED OPERAS SERIES
VOL. 1

CIMBELINO

BY NICCOLÒ VAN WESTERHOUT
DRAMA IN FOUR ACTS

LYRICS BY ENRICO GOLISCIANI

Leonardo Campanile & Tiziano T. Dossena
EDITORS

The creation of this book is a source of pride for me,
and from my modest contribution to sponsoring the music of
my fellow citizen Niccolò van Westerhout,
I hope that future generations will learn to appreciate this
misunderstood genius. I therefore dedicate this volume
to my grandson, Leonardo John Campanile.

Leonardo Campanile
Co-editor

To my daughter Samantha,
pride of my life, with love.

Tiziano Thomas Dossena
Co-editor

Ringraziamenti

Scopo principale di questa nuova Serie di libri è quello di far rivivere quelle opere che non hanno avuto la fortuna di avere un acclamato successo negli anni; alcune hanno ottenuto un discreto successo di critica musicale al momento della loro prima esibizione, ma col passare del tempo sono scivolate nel dimenticatoio.

Il recupero dei libretti originali, parliamo del 1800, non è cosa semplice ma siamo stati fortunati ad averne accesso, e ringraziamo, la "Biblioteca del Teatro alla Scala di Milano" per la collaborazione.

Inoltre, un ringraziamento alla casa Ricordi di Milano per averci consentito di visionare il suo archivio e averci concesso l'utilizzo delle foto dei personaggi, in acquerelli del tempo realizzati dall'artista Adolf Hohenstein. Il libretto originale di "Cimbelino" usato in questa trascrizione è di appartenenza della Ricordi.

Ringraziamo anche Angelo Massimeo per il suo eccellente volume "Niccolò van Westerhout" pubblicato nel 1985 (Edizioni Fratelli Laterza), dal quale abbiamo attinto varie informazioni.

Un ringraziamento particolare al Maestro Vito Clemente per la eccellente consulenza musicale.

Aknowledgements

The main purpose of this new Series of books is to revive those operas that have not had the good fortune of having acclaimed success over the years; some have achieved some success in music criticism at the time of their first performance, but over time they have slipped into oblivion.

The recovery of the original librettos, we are talking of the 1800s, is not a simple thing but we have been lucky to have access to them, and we thank the "Biblioteca del Teatro alla Scala di Milano" for their collaboration.

Moreover, thanks to the Casa Ricordi in Milan for allowing us to view their archives and to use the photos of the characters, watercolors of the time created by the artist Adolf Hohenstein. The original libretto of "Cimbelino" used in this transcription belongs to Casa Ricordi.

We also thank Angelo Massimeo for his excellent volume "Niccolò van Westerhout" published in 1985 (Edizioni Fratelli Laterza), from which we have drawn certain information.

Special thanks to Maestro Vito Clemente for the excellent musical advice.

Niccolò van Westerhout

Niccolò van Westerhout nacque a Mola di Bari il 17 dicembre 1857. Di discendenza olandese (fiamminga) i van Westerhout scesero nell'Italia del Sud nel 1600. Si stabilirono prima a Bari, poi a Monopoli. Nicola van Westerhout, nonno di Niccolò, si trasferì a Mola di Bari dove nacque Onofrio Agostino, padre del compositore.

A soli 13 anni Niccolò compose una partitura musicale per il *Giulio Cesare* di Shakespeare, dimostrando un notevole talento musicale. Fu quindi aiutato finanziariamente dalla Giunta comunale di Mola di Bari ad andare a Napoli per frequentare il Conservatorio San Pietro a Majella, dove si perfezionò nella composizione con Nicola De Giosa, Nicola D'Arienzo e Lauro Rossi.

Niccolò van Westerhout compose le opere:

TILDE, mai rappresentata;

CIMBELINO, la cui prima ebbe luogo al teatro Argentina di Roma nel 1892;

FORTUNIO, rappresentata nel 1895, per una serie incredibile di eventi, al teatro Lirico di Milano invece che al Teatro alla Scala come inizialmente stabilito;

DOÑA FLOR, opera scritta per Mola di Bari e rappresentata nel teatro comunale nel 1896;

COLOMBA, rappresentata postuma, nel 1923, al Teatro San Carlo di Napoli.

Niccolò van Westerhout

Niccolò van Westerhout was born in Mola di Bari, a township located in the province of Bari, Italy, on December 17, 1857. Of Dutch-Flemish origin, the van Westerhout family had migrated to Southern Italy in the sixteen hundreds. They settled first in Bari, later in Monopoli. Niccolò's grandfather, Nicola van Westerhout, decided to move to Mola, where he sired Onofrio Agostino, the composer's father.

At thirteen years of age, Niccolò composed incidental music for Shakespeare's *Julius Caesar*, showing a remarkable musical talent. The Township administration deliberated to help him achieve his full potential and funded his studies at the prestigious San Pietro a Majella Conservatory in Naples. There he perfected his composition technique working with Maestri Nicola De Giosa, Nicola D'Arienzo e Lauro Rossi.

Niccolò van Westerhout composed a few operas:

The never performed **TILDE**;

CIMBELINO, premiered at the Teatro Argentina in Rome, in 1892;

FORTUNIO, presented at the Teatro Lirico in Milan instead of at the world renowned Teatro alla Scala, as initially set, as a result of a series of unfortunate events;

DOÑA FLOR, commissioned by the Township of Mola di Bari, and staged in the local Opera Theatre in 1896;

COLOMBA, represented posthumously, in 1923, at Teatro San Carlo in Naples.

A parte le opere, van Westerhout ha composto musica per pianoforte, cameristica, strumentale e due sinfonie. Secondo alcuni musicologi "la sua collocazione stilistica appare alquanto difficoltosa all'interno del panorama della civiltà strumentale italiana di fine Ottocento. Gli *Insonni* (raccolta di undici pezzi composti, a quanto pare, nottetempo tra il 1891 e il 1893 e pubblicati postumi da Ricordi nel 1915) spiccano con i tratti dell'eccellenza e dell'eccezionalità: niente del modello brahmsiano (che pure era stato da lui sperimentato nella monumentale *Sonata in fa minore*) e nulla specialmente di quel generico, brillante e salottiero accademismo biedermeier imperante in una cerchia abbastanza estesa della società musicale dell'epoca. Il musicista che si rivela in queste brevi, meditate ed intense pagine sembra degno di altre frequentazioni: dal Čajkovskij più sofisticato all'enigmatico e visionario ultimo Liszt, ma anche Fauré e il futuro Debussy".

Niccolò van Westerhout morì a Napoli il 21 agosto del 1898 a soli 41 anni. Dopo la sua morte, la sua musica fu più o meno dimenticata. Famiglia e amici non disponevano dei fondi necessari per organizzare concerti. La città di Napoli si accollò gli oneri del funerale. Anche il padre, Onofrio, la sorella Antonia e il fratello Vincenzo si trasferirono a Napoli, dove morirono senza lasciare eredi.

Negli anni la cittadinanza di Mola di Bari ha dedicato al compositore il teatro, una strada e una lapide in marmo sul muro della casa dove il Maestro nacque, oltre ad una statua che rappresenta la sua opera *Doña Flor*. Null'altro, a parte lo sporadico interesse di privati. Persino l'ultima dimora del Maestro era rimasta sconosciuta.

Niccolò van Westerhout riposava nel cimitero monumentale di Napoli. Nello stesso loculo vi erano il padre e le sorelle Antonia ed Angela. Isolato, abbandonato per oltre 100 anni.

Il 19 febbraio 2007, i resti di Niccolò sono stati esumati e trasportati nella cappella De Stasi del cimitero di Mola di Bari.

Il 23 Aprile 2010, l'opera *Doña Flor* ha fatto il suo esordio a Westchester, New York.

Niccolò van Westerhout also composed piano concerts and some symphonies. Eminent musicologists wrote: "It is quite difficult to place his style within the landscape of the appreciation of Italian instrumental music prevailing at the end of the Nineteenth century. The *Insonni* [literally, the Insomniacs] - a collection of eleven pieces, supposedly composed at nighttime between 1891 and 1893, and published posthumously in 1915 by Ricordi - stand out for their excellence and uniqueness. They do not echo at all the Brahms model, tested by van Westerhout in his monumental *Sonata in fa minore* nor the generic, glittering, drawing-room like, Biedermaier-inspired academicism that infused most musical society of the era. The composer revealed by these short, thought-out and intense pages appears worthy of other inspired stimuli: from the most sophisticated Čajkovskij to the enigmatic and visionary last Liszt, as well as Fauré and the future Debussy."

Niccolò van Westerhout died in Naples on August 21, 1898. He was only forty-one years old. After his death, his music was all but forgotten. Family and friends had no resources to organize concerts. The City of Naples paid for his funeral. His father Onofrio, His sister Antonia and his brother Vincenzo moved to Naples, where they died childless.

Ever since, the administration in Mola has never endeavored to make his compositions known. So far, the Township of Mola has named the theatre and a street after him. A memorial marble plate was placed on the wall of the house where he was born, and a statue was erected to represent his opera, *Doña Flor*. Nothing else, except some occasional private initiatives. Even the Maestro's last resting location has long remained unknown.

Niccolò van Westerhout was buried in the monumental cemetery in Naples, in the same burial niche as his father and sisters Antonia e Angela, in an isolated location, in the potter's field, abandoned for over one hundred years.

On February 19th, 2007, Niccolò's remains were moved to Mola di Bari's cemetery and placed in the De Stasi mausoleum.

On April 23rd, 2010, the opera *Doña Flor* debuted in Westchester, New York.

Enrico Golisciani

Napoli, 25 dicembre 1848; Napoli, 6 febbraio 1918

Autore di numerosi libretti d'opera, spese la maggior parte della sua vita a Napoli, dove fu, tra l'altro, direttore del *Giornale per tutti*. Benché la sua attività fosse legata principalmente al mondo dell'opera, si dedicò anche ad altri generi poetici; tra questi si ricordano la raccolta di versi per musica *Pagine d'album* e altre poesie pubblicate nella *Gazzetta musicale di Milano*. La sua produzione librettistica conta oltre 80 lavori, di genere sia melodrammatico, sia comico.

Lo stile del Golisciani si rivela profondamente legato al clima tardoromantico. Partendo da un linguaggio poetico in cui l'episodio storico veniva sfruttato nelle sue tinte più fosche, il Golisciani passò gradualmente a un linguaggio sempre più sensibile all'estetica verista. A libretti dedicati a grandi figure del passato, quali *Maria Stuarda* (Napoli 1874; musica di C. Palumbo), *Carlo di Borgogna* (ibid. 1876; P. Musone), *Cleopatra* (da V. Sardou, Venezia 1879; F. Bonamici), il G. andò quindi affiancando soggetti più vicini al mondo contemporaneo. Tra le opere che più influirono sul librettista nel passaggio dal dramma storico alle tematiche sociali, va posta *Cavalleria rusticana* di P. Mascagni, manifesto del verismo in musica, la cui ascendenza sul suo stile è individuabile soprattutto nel libretto *I gioielli della Madonna* (in collab. con C. Zangarini, Berlino 1911; musica di E. Wolf-Ferrari), ove predomina un acceso folklore meridionale.

Enrico Golisciani

Naples, December 25th, 1848, Naples, February 6th, 1918

Author of numerous opera librettos, he spent most of his life in Naples, where he was, among other things, editor of the *Giornale per tutti*. Although his activity was mainly linked to the world of opera, he also dedicated himself to other poetic genres; these include the collection of verses for music *Pagine d'album* and other poems published in the Milan Music Gazette. His libretto production has over 80 operas, both melodramatic and comic.

The Golisciani style reveals itself to be deeply linked to the Late Romantic climate. Starting from a poetic language in which the historical episode was exploited in its darker hues, Golisciani gradually moved to a language increasingly sensitive to the aesthetics of Realism. Librettos dedicated to great figures of the past, such as Maria Stuarda (Naples 1874; music by C. Palumbo), Carlo di Borgogna (ibid. 1876; P. Musone), Cleopatra (from V. Sardou, Venice 1879; F. Bonamici), Golisciani then went alongside subjects closer to the contemporary world. Among the operas that most influenced the librettist in the transition from historical drama to social issues, there was *Cavalleria rusticana* by P. Mascagni, a manifesto of Realism in music, whose ancestry on his style can be identified above all in the libretto *I gioielli della Madonna* (in collaboration with C. Zangarini, Berlin 1911; music by E. Wolf-Ferrari), where a lively southern folklore predominates.

L'opera letteraria del Golisciani è attraversata, dal periodo giovanile alla piena maturità, dall'uso sapiente del colore locale e da una narrazione in cui gli elementi sociali sono ben evidenziati, secondo una tradizione che ci riporta al naturalismo francese.

Oltre alla vena verista, comunque sempre accompagnata da quella patetico-sentimentale, tipica del linguaggio romantico, il Golisciani si dedicò anche alla stesura di libretti di soggetto comico-burlesco. Anche in questi casi non mancano i richiami alla letteratura europea, e in particolare alla tradizione francese, come nel caso de *L'amore medico* (Dresda 1913; Torino 1929; Wolf-Ferrari), ispirato alla commedia di Molière. La maggior parte dei libretti di Golisciani fu scritta per compositori italiani (tra questi, oltre Wolf-Ferrari, anche A. Ponchielli e F. Cilea), ma egli collaborò occasionalmente con musicisti stranieri; in particolare intrattenne, dagli anni Ottanta e fino agli anni Venti del nuovo secolo, una feconda corrispondenza con alcuni dei più rappresentativi compositori di Malta, quali G.E. Bonavia, W. Borg, i fratelli P. e L. Vella e A. Nani, fedeli seguaci della tradizione operistica italiana.

Golisciani's literary work is crossed, from his youthful period to full maturity, by the wise use of local color and by a narrative in which the social elements are well highlighted, according to a tradition that brings us back to French Naturalism.

In addition to the realist vein, however always accompanied by the pathetic-sentimental one, typical of the romantic language, Golisciani also dedicated himself to the preparation of comic-burlesque subject librettos. Also in these cases there is no lack of references to European literature, and in particular to the French tradition, as in the case of *L'amore medico* (Dresden 1913; Turin 1929; Wolf-Ferrari), inspired by Molière's comedy. Most of Golisciani's librettos were written for Italian composers (among them, besides Wolf-Ferrari, also A. Ponchielli and F. Cilea), but he occasionally collaborated with foreign musicians; in particular, from the eighties to the twenties of the new century, he had a fruitful correspondence with some of the most representative composers of Malta, such as G.E. Bonavia, W. Borg, the brothers P. and L. Vella and A. Nani, faithful followers of the Italian opera tradition.

Prefazione

di Giulio Massimo Scalinger
Stralcio ripreso dalla rivista, "Fortunio" — Napoli, Aprile 1892

Per Noi, amici fedeli, l'attesa ha un'ansia tormentosa. Quel Cimbelino, verso cui si appuntano gli sguardi della critica e che inciderà superbo, nella classica drammaticità shakesperiana, sulle maggiori scene della prima città d'Italia, è nato qui, in mezzo a noi, in una piccola stanza modesta, negl'ignorante febbrile entusiasmo di un giovane, di cui lunghi sconforti e le accasciante trepidanze, hanno cento volte messo in pericolo l'energia; è nato qui in un inebriante travaglio consumatore, da noi affettuosamente spiato, rivelandosi a poco a poco a noi che il musicista faceva degni del suo più geloso segreto, il segreto di cui ha vissuto per anni, esaltandosi e esaurendosi per esaltarsi di nuovo.

E ricordo le prime guardinghe udizioni del Preludio, del duetto d'amore, della marcia religiosa concesse cautamente a due, tre intimi soltanto, in una stanzetta ermeticamente chiusa perchè i vicini non s'impossessassero delle melodie strappate arditamente ai primi estri della musa amorosa.

Ricordo poi, quando ci furono svelate la squisitezza delle danze e la cupa drammaticità del pensiero musicale illustrante la fatale scommessa di *Jachimo*, nelle sapienti espressioni armoniche in cui cominciammo a presentire il colorito orchestrale. E ricordo la scoppiante robustezza del terzetto nell'atto quarto, venuto ultimo a fondersi nella salda concezione dell'opera e che già svelava l'innegabile progresso del musicista nella raffinate limpidità della ispirazione... E ricordo, e ricordo... perchè tutto il dramma ove son profuse, in larghe ondate di mirifica bellezza, le esultanti ebrezza d'un ingegno che crea, ci fu svelata nella fidente inge-

Preface

by Giulio Massimo Scalinger
Excerpt taken from the magazine, "Fortunio," — Naples, April 1892

For us, faithful friends, waiting has a tormenting anxiety. That Cimbelino, towards whom the looks of the critics point and which will have a superb impact, in the classic Shakespearian dramatic force, on the major theaters of the most important city of Italy, was born here, among us, in a small modest room, in the ignorant feverish enthusiasm of a young man, of whom long discomforts and charming trepidations have endangered the energy a hundred times; it was born here in an intoxicating consuming labor, affectionately spied on by us, gradually revealing to us whom the musician made worthy of his most jealous secret, the secret he has lived for years, exalting and exhausting himself to exalt himself again.

And I remember the first wary auditions of the Prelude, of the duet of love, of the religious march, granted cautiously to two, three close friends, in a tightly closed room so that the neighbors would not be able to take possession of the melodies boldly torn at the first inspiration of the loving muse.

I remember then, when the exquisiteness of the dances and the gloomy drama of musical thought illustrating Jachimo's fatal bet, were revealed to us in the wise harmonic expressions in which we began to envision the orchestral complexion. And I remember the bursting strength of the trio in the fourth act, which came last to merge in the firm conception of the opera and which already revealed the undeniable progress of the musician in the refined clarity of the inspiration ... And I remember, and I remember... because all the drama in which they are

nuità di chi sperava un conforto, un consiglio, quasi la promessa di un entusiastico compenso alle veglie assidue, solitarie e feconde.

Ecco perchè al successo del Cimbelino si lega una parte delle nostre speranze, de' nostri presagi, de' nostri voti, quella più sincera del nostro cuore. Il van Westerhout è un artista che lotta per un premio che gli è dovuto; ma il suo Cimbelino è sorto sotto la vigile, ansiosa, lusingatrice ammirazione nostra, ed è su di esso e per esso che abbiamo sperato il trionfo e la fortuna di un musicista che dev'essere orgoglio della città nostra.

Domani o doman l'altro, i competenti ascoltatori del Cimbelino scoviranno, a traverso le profonde impressioni della rappresentazione di Roma, le intense e innegabili qualità del musicista e dell'operista, dell'operista specialmente, che le continue delusioni che ci perseguitano, ad onta delle facili proclamazioni entusiastiche, più che mai ci fanno desiderare, invocando.

Per slancio invincibile di innamorati dell'Arte, noi dovevamo un saluto a Niccolò van Westerhout, in questa perplessa ora di aspettativa, alla vigilia dell'ingresso del Cimbelino sulla scena gloriosa italiana.

lavished, in large waves of miraculous beauty, the exultant intoxication of an intellect that creates, was revealed to us in the trusting ingenuity of those who hoped for comfort, advice, almost the promise of an enthusiastic reward for assiduous, solitary and fruitful vigils.

This is why a part of our hopes, of our omens, of our vows, the most sincere of our hearts, are linked to the success of Cimbelino. Van Westerhout is an artist who fights for an award that is due to him; but his Cimbelino was born under the watchful, anxious, flattering admiration of ours, and it is on it and for it that we hoped for the triumph and fortune of a musician who must be the pride of our city.

Tomorrow or the day after, the competent listeners of Cimbelino will discover, through the profound impressions of the representation of Rome, the intense and undeniable qualities of the musician and the opera composer, of the opera composer especially, that in spite of the easy enthusiastic proclamations, the continuous disappointments that haunt us more than ever they make us desire, and invoke for.

For the invincible impetus of art lovers, we owed a greeting to Niccolò van Westerhout, in this perplexed hour of expectation, on the eve of the entrance of the Cimbelino to the Italian glorious scene.

Sunto dell'articolo scritto da Arturo Colautti
Dal libro di Angelo Massimeo:
Epistolario Testimoniale – Niccolò van Westerhout

Ma perchè scovare Cimbelino, dramma della decadenza shakesperiana, nato quando il *"cigno dell'Avon"* non lavorava più per la Gloria? Qui entrerebbe nel dominio riservato alle genesi intellettuale, nel campo neutro della selezione. La scelta di questa tragedia tra le meno felici e le meno note del gran Guglielmo può essere un'imprudenza; ma è certamente un'audacia. Se il giovane Maestro si è sentito da tanto, dobbiamo per questo mandarlo alle isole? Chi, se non i giovani, può tutto osare? È periglioso cominciare così: ma, lasciatemelo dire: è bello.

Cimbelino è anzi tutto e sovratutto un organismo. Ha un'architettura, una fisionomia, una plastica. Grandi linee e forti tinte: il dramma vi circola per entro come a casa sua: ogni parte è satura d'ideale: ma questo ideale è latino.

C'è la freschezza, la chiarezza, la giovinezza, sempre: una giovinezza sana, alacre, balda. Passionale e spirituale, descrittiva e tragica insieme, questa musica è sangue delle nostre vene, è vino dei nostri colli, è sorriso delle nostre donne, è pensiero, è palpito nostro.

Anche questa volta il diavolo è meno brutto di quello che si dice. In Cimbelino, la melopea, anima e midollo della formula wagneriana, vi spunta qua e la, ma non ci si ferma. I cosidetti "motivi conduttori" non difettano: hanno però il merito insigne della discrezione: tre o quattro al più, e brevissimi. Del resto, il Leitmotiv, che in Wagner rappresenta il personaggio e qui semplicemente la situazione, è una vecchia conoscenza; ne ribocca persino il Guarany! Lo stesso dicasi delle "progressioni": quella a voce sincopate, tutte fremiti e brivido, che precede la scena d'amore nel primo atto, è una derivazione del Tristano, ma viceversa ha un riscontro nei Lituani. Barbaro, dunque, anche il Ponchielli...

Oh, Felicità! il "pezzo", suprema delizia dell'orecchiante, regna e governa in tutta l'opera, ed è tagliato da mano sicura con forbici nazionali. Se non ci allignano gli "allegri" tradizionali, cogli annessi do

Summary of the article written by Arturo Colautti
From the book by Angelo Massimeo:
Epistolario Testimoniale – Niccolò van Westerhout

But why give birth again to Cimbelino, a drama of Shakespearian decadence, born when the "swan of the Avon" no longer worked for Glory? Here he would enter the domain reserved for intellectual genesis, in the neutral field of selection. The choice of this tragedy among the least felicitous and least known of the great William could be called imprudence; but it is certainly audacious. If the young Maestro felt to do so, must we send him to the islands for this? Who, if not the young, can dare everything? It's dangerous to start like this: but, let me tell you: it's beautiful.

Cimbelino is first and foremost an organism. It has architecture, physiognomy, plasticity. Great lines and strong hues: the drama circulates through it as if it is at home: each part is saturated with the ideal: but this ideal is Latin.

There is freshness, clarity, youth, always: a healthy youth, brisk, bold. Passionate and spiritual, descriptive and tragic at the same time, this music is the blood of our veins, the wine of our hills, the smile of our women; it is our thought and our heartbeat.

Even this time the devil is less ugly than what is said. In Cimbelino, the melopoeia, soul and marrow of the Wagnerian formula, appears here and there, but it does not stop there. The so-called "conductive motifs" are not lacking: however, they have the distinguished merit of discretion: three or four at most, and very short. Moreover, the Leitmotiv, which in Wagner represents the character and here simply the situation, is an old acquaintance; even Guarany rebounds of it! The same can be said of the "progressions": the one with vocal syncopates, all quivers and thrills, which precedes the love scene in the first act, is a derivation of the Tristan, but vice versa it has a correspondence in the Lituani. Barbarian is, therefore, also Ponchielli ...

Oh, Happiness! The "piece," supreme delight of whoever hears it, reigns and governs throughout the opera, and is cut by a safe hand

di petto, e ci fioriscono in compenso una "ballata" e tre "romanze", l'una più elegante e più zufolabile dell'altra. I duetti differiscono abbastanza dal vecchio stampo verdiano: ma quello di amore può fare il paio con gli altri analoghi dell'Otello e del Mefistofele. I cori, fossero pure a otto parti reali, non potrebbero essere più melodici e più appropriati. C'è un coretto di marinai e un altro "interno" di pastori, assolutamente incantevoli.

Vedete: siamo lontani parecchio dalla scuola di Bayreuth. Dove stanno gli estremi del crimine di lesa patria? Come il Franchetti, e il Puccini, il van Westerhout è un wagneriano... ragionevole. Cimbelino appartiene alla fase stessa di Asrael e di Edgar; fase di assimilazione e di metamorfosi.

Niente di metafisico, niente di algebrico, niente di antipeninsulare. Quest'opera può piacere o no: questione d'ambiente, questione di gusto. Ma ve lo giuro sull'Alcorano, è un'opera neoitaliana. Se la musica, come pretendeva Beniamino Franklin un refrattario del genio, n'est que du bruit, il "rumore" del Cimbelino è perfettamente tollerabile.

Quel terzetto meraviglioso, in cui l'artista cercante la via assurge alla divinazione del nuovo, quel fortissimo poema innestato all'ultimo quarto d'ora nell'opera già adulta, che lo contiene a stento, è caparra di forza, di coraggio, d'ardire. Niccolò van Westerhout è capace, oggi, di ben altro. Pochi hanno cominciato come lui: nessuno si sorpasserà più presto. Ha la mano facile e l'estro felice: ha l'arte e il sapere, la Sapienza e l'audacia: doti sovrane. Io non spero soltanto, credo.

È per questo, unicamente per questo, che io, antimelodrammatico nato, gli ho scritto un libretto; il primo e l'ultimo della mia vita. Lo giuro.

with national scissors. If the traditional "allegri" do not emerge, with the corresponding high Cs, and on the other hand a "ballad" and three "romances" flourish, one more elegant and more adapt to whistling than the other. The duets differ quite a bit from the old Verdi mold: but the one of love can match the similar ones of Otello and Mephistopheles. The choruses, even if they were with eight real parts, could not be more melodic and more appropriate. There is a little choir of sailors and another "interior one" of shepherds, both absolutely enchanting.

You see: we are a long way from the Bayreuth school. Where are the extremes of the crime of offense to the nation? Like Franchetti, and Puccini, van Westerhout is… a reasonable Wagnerian. Cimbelino belongs to the same phase as Asrael and Edgar; an assimilation and metamorphosis phase.

Nothing metaphysical, nothing algebraic, nothing anti-peninsular. This opera may or may not be liked: a question of the environment, a matter of taste. But I swear to you on the Venetian Qur'an, it's a neo-Italian work. If music, as Beniamino Franklin demanded a refractory of genius, n'est que du bruit, the "noise" of the Cimbelino is perfectly tolerable.

That wonderful trio, in which the artist seeking the way rises to the divination of the new, that very strong poem grafted in the last quarter of an hour in the already adult work, which hardly holds it back, is a advance deposit of strength, of courage, of audacity. Niccolò van Westerhout is capable of much more today. Few have started like him: no one will surpass others sooner than him. He has an easy hand and a happy flair: he has Art and knowledge, wisdom and audacity: sovereign gifts. I don't just hope, I believe.

It is for this, only for this reason, that I, a born anti-melodramatic, wrote him a libretto; the first and last of my life. I swear.

The Argentina Theater
– Rome, Italy –

Teatro Argentina
– Roma, Italia –

Il teatro Argentina, uno dei più antichi teatri d'opera della città di Roma, venne inaugurato il 31 gennaio dell'anno 1732 con la rappresentazione dell'opera *Berenice* composta da Domenico Sarro. Fu costruito sulle rovine della Curia del Teatro di Pompei. La Curia era la località dove venne assassinato Giulio Cesare.

Nel 1730 la famiglia Sforza Cesarini avviò il progetto di costruzione del teatro da una rivalutazione del palazzetto e della torre di loro proprietà (*Casa del Burcardo*): una parte dell'edificio secondario venne demolita per fare spazio al palcoscenico mentre la torre ed altri ambienti del palazzetto furono adibiti a servizi per il teatro e per i camerini degli artisti. Il teatro era costruito originariamente tutto in legno ad esclusione solo delle mura e delle scale in muratura; la sala fu progettata dall'architetto e marchese Gerolamo Theodoli con la forma a ferro di cavallo, per soddisfare al meglio le necessità acustiche e visive. La platea, pavimentata con tavole di legno, era completata da quaranta file di banchi, mentre i centottantasei palchi erano disposti in sei ordini.

Il duca Francesco Sforza-Cesarini, che diresse il teatro argentino dal 1807 al 1815, fu un "fanatico del teatro" che continuò fino alla sua morte ad accumulare debiti. Il Barbiere di Siviglia di Rossini fu presentato per la prima volta il 20 febbraio 1816, subito dopo la morte del duca Francesco e, nel diciannovesimo secolo, nel teatro vennero presentate le anteprime di molte opere degne di nota, tra cui I due Foscari di Verdi il 3 novembre 1844 e La battaglia di Legnano il 27 gennaio 1849.

Dal 1919 al 1944 furono presentate più offerte musicali di quelle drammatiche, sebbene il teatro presentasse in anteprima opere di Luigi Pirandello, Henrik Ibsen e Maxim Gorky durante questo periodo. Inoltre, una serie di opere fu presentata nell'inverno 1944-1945 in onore delle truppe americane e britanniche.

The Argentina Theater
– Rome, Italy –

The Argentina Theater is an opera house and theatre located in Largo di Torre Argentina, a square in Rome, Italy. One of the oldest theatres in Rome, it was constructed in 1731 and inaugurated on January 31st, 1732 with *Berenice* by Domenico Sarro. It is built over part of the curia section of the Theatre of Pompey. This curia was the location of the assassination of Julius Caesar.

In 1730 the Sforza Cesarini family started the construction project of the theater by a revaluation of the building and the tower owned by them (Casa del Burcardo): a part of the secondary building was demolished to make room for the stage while the tower and other rooms of the building were used as services for the theater and for the artist's dressing rooms.

The theater was originally built entirely of wood except for the walls and the masonry stairs; the room was designed by the architect and marquis Gerolamo Theodoli with the horseshoe shape, to best meet the acoustic and visual needs. The stalls, paved with wooden boards, were completed by forty rows of benches, while the one hundred and eighty-six boxes were arranged in six orders.

Duke Francesco Sforza-Cesarini, who ran the Argentina Theatre from 1807 to 1815, was a "theatre fanatic" who continued until his death to run up debts. Rossini's *The Barber of Seville* was given its premiere on 20 February 1816, just after Duke Francesco's death and, in the 19th century, the premieres of many notable operas took place in the theatre, including Verdi's *I due Foscari* on 3 November 1844 and *La battaglia di Legnano* on 27 January 1849.

From 1919 to 1944, more musical offerings than dramatic ones were presented, although the theatre premiered works by Luigi Pirandello, Henrik Ibsen and Maxim Gorky during this time. As well, a series

Il locale fu utilizzato per le registrazioni di musica classica dall'orchestra di Santa Cecilia negli anni '50.

Nel 1994 il teatro divenne la sede della compagnia del Teatro Stabile di Roma, attualmente diretta da Mario Martone. Offre una varietà di programmi, alcuni dei quali sono produzioni su larga scala, anche se oggi vengono presentati più spettacoli teatrali che musicali o operatici.

Il Teatro Argentina, prima sede della associazione *Teatro di Roma*, è situato in largo di Torre Argentina. Nel XVIII secolo era considerato il più importante tra quelli romani ed è, ancor oggi, uno dei principali teatri della città.

of operas was presented in the winter of 1944–45 in honor of the American and British troops.

The venue was used for classical-music recordings by the Santa Cecilia orchestra in the 1950s.

In 1994, the theatre became the home of the Teatro Stabile company of Rome, currently directed by Mario Martone. It offers a variety of programs, some being large-scale productions, although more plays than music or opera are presented today.

The Argentina Theater, first seat of the association Teatro di Roma, was considered in the 18th century the most important of the Roman ones and is, still today, one of the main theaters in the city.

*Original cover printed by **Ricordi**, 1892*

CIMBELINO

LYRICAL DRAMA IN FOUR ACTS

Libretto by Enrico Golisciani
Music by Niccolò van Westerhout

<u>First Performance</u>

The Argentina Theater
(Rome, Italy) 1892

Cimbelino - Bass

Personaggi

Cimbelino: (re di Britannia)

La Regina

Imogene: (figlia in primo letto del Re)

Cloteno: (figlio in primo letto della Regina)

Leonato Postumo: (duce brittanno)

Jachimo: (duce romano)

Cajo Lucio: (legato romano)

Pisano: (vecchio confidente di Leonato)

L'Archidruido

Un'Ancella d'Imogene

Il seguito di Cimbelino: Duci, Guerrieri, Bardi, Druidi e Donne Britanne, Centurioni, Legionari, Nocchieri Romani, Ancelle e Pastori

Imogene - *Soprano*

> *L'azione è in Britannia:*
> *anno 2 dell'era volgare.*

ATTO PRIMO

Le rive del Tamigi

Pianura digradante al fiume, che serpeggia tra pioppi e canneti.
Quinta di querce secolari a sinistra.

Dall'altro lato piloni granitici, da cui pendono pelli ferine.
È l'accesso alla reggia. Giorno pieno.

PRELUDIO

La corte di **Cimbelino** *a dritta, in gruppi. Sul fiume una trireme romana, approdante: fanfara di trombe: dalla trireme scende l'ambasceria romana, tra la quale* **Jachimo: Caio Lucio** *n'è alla testa: precedono i trombettieri. L'ambasceria traversa la scena e scompare per la dritta tra la corte del Re, che le fa ala.*

Dalla dritta poi **Cloteno** *in un gruppo di suoi partigiani: infine,* **Leonato**, *seguito da* **Pisanio**, *duci e guerrieri britanni.*

Leonato Postumo - *Tenor*

La Corte:
(in gruppi)
Un messagger romano!...
De l'antico tribute rinnovar chiede l'onta...
In mal punto: un rifiuto Roma attenda!
Alto sdegno'l re invade...
Scoverto d'Imogene fu Postumo riamato amator.
Egli!
Il duce!

Cloteno:
(entrando in colloquio con i suoi partigiani)
Da l'isola disegna Cimbelino
bandir l'orgoglioso: io, da la vita...

I partigiani di Cloteno:
Al merto tuo lieve impresa!...

Pisanio, Duci e Guerrieri:
(a Leonato, col quale entrano dialogando)
Pieghi a un ingiusto destino, forte Postumo!...

Leonato:
Il forte del destin è maggiore...
(con amara enfasi)
In questa terra, ormai chiusa al favor divino,
colpa suprema è un mesto, un puro, un santo amor!...

I partigiani di Cloteno:
(in gruppo a sinistra, indicando Leonato a Cloteno)
Ecco... rimiralo!...

Duci e Guerrieri:
>*(indicando Cloteno a Leonato)*
>Il tuo rival!...

Cloteno:
>*(fremendo e fissando Leonato)*
>L'audace!... o rabbia!...

Leonato:
>*(ad alta voce, additando con sprezzo Cloteno)*
>A me non cal di quell'imbelle...

Cloteno:
>*(indignato ai suoi)*
>Imbelle disse?...
>Largo!
>Il ribelle morir prefisse...

>>*Pon mano alla spada.*

Leonato:
>*(sarcastico)*
>Prima d'uccidere, muta natura!...

Cloteno:
>*(avanzando con ira crescente)*
>Via da le mura che tu profani!...

Leonato:
>*(con impeto, snudando la spada)*
>Gli accenti insani non replicar!...

Cloteno:
>*(imitando Leonato)*
>Tra noi decida, dunque l'acciar!...

Leonato, Pisanio e tutto il coro:
(con enfasi)
Tu, amor, mi lo guida a trionfar!...

*Dalla dritta la Regina, **Imogene** e ancelle:*
*poco stante **Cimbelino**, **Jachimo**, **Caio Lucio** e i suoi romani.*
***Leonato**, **Cloteno**, **Pisanio**, duci e guerrieri britanni.*

Imogene:
(accorrendo a frapporsi tra Leonato e Cloteno)
Ah, Leonato!

La Regina:
(accorsa verso Cloteno, trattenendolo)
Figlio!

Cimbelino:
(entrando, a Cloteno e a Leonato, seccamente)
A terra il brando!
Io qui comando...

Imogene:
(retrocedendo, turbata)
Il padre!

Leonato, Cloteno:
(arrestandosi)
Il re!

Pisanio e il coro:
(sottovoce)
O dispetto!...

Leonato e *Cloteno* *depongono le armi ai piedi del re: breve silenzio.*

Cimbelino:
(aspramente a Imogene)
Contaminato è 'l bianco mio crin per te:
tu, cieca, amor ponesti in idol frale
che da 'l nulla io trassi,
e sozzo festi il trono di viltà!

Jachimo:
(tra se, assorto in contenplare Imogene)
Fanciulla o dea vegg'io, leggiadra tanto?

Cimbelino:
(additando con sdegno Leonato)
Ed ei che, sotto il manto di mio campion,
l'ingrato animo cela,
dal più tardo confin de 'l mio reame
io per sempre proscrivo,
poi che far segno osò d'audaci brame Imogine, mia prole:
e, s'egli osasse il proferito bando obliar,
ch'ei pèra del mio furore incenerito!...

La Regina, Cloteno, cortigiani:
Pèra!...

Insieme.

Imogene:
(tra sè, angosciata)
Ne 'l fondo de 'l cor più segreto
in cifre s'imprime di foco
il truce de 'l padre decreto,
di morte decreto per me.

Ah!... tutto si compia!...
T'invoco, o morte...
Non spero che in te!...

Leonato:

(tra sè, amaramente)
Un lustro di pugne sacrato de'l re,
de la patria a l'onore...
Il sangue su'l campo versato
sol una anelavan mercè...
ed era quel vergine core,
che i fati contendono a me!...

Jachimo:

(tra sè, cupido, verso Imogene)
Arcana malia di sirena,
ignota a'l mio gelido core,
di vena mi penetra'n vena,
sovrana si rende di me...
L'invitta mia mano quel fiore
lasciar deve a un barbaro re?

Cimbelino:

(severo a Leonato)
Guerrier, che a la patria,
a'l suo sire il sangue votava e la fè,
ha solo una legge: obbedire...
Già colpa è l'indugio per te!

Cloteno:

(con esaltazione, verso Leonato)
Non s'erga una voce,
che l'ira attutì nel petto del re!...
La preda perduta rimira:
è nata Imogene per me.

La Regina:
   (a Cloteno, additando Leonato e Imogene)
   L'insana lor gioia ho distrutta:
   più dubia tua sorte non è!...
   La sfida spavalda ributta,
   e regna, o diletto, con me!

Lucio, Pisanio, Coro:
   (verso Imogene)
   O pallida vergine,
   è tutta Britannia che plora con te!...

Cimbelino:
   (solenne a Caio Lucio)
   Ambasciador,
   tu a Roma torna,
   e reca il mio diniego...

Caio Lucio:
   (grave a Cimbelino)
   Bada!...
   La guerra forse dal tuo labro pende...

   Movimento di scena.

Cimbelino:
   (risoluto)
   E guerra sia!...

Tutti i britanni, meno Leonato e Imogene:
   (con esitazione)
   Si, guerra!...
   Il leon di Britannia
   scoterà la sua chioma!...

Tutti i romani:
(energicamente)
Ma più altere piegò cervici Roma!

Leonato, Imogene:
(tra loro, con sconforto)
L'anima mia muta è ad ogn'altro affetto...

Tutti gli altri:
E guerra sia!...

*Tutti escono per la dritta, meno il solo **Leonato**.*

Leonato:
(con profondo dolore)
Da la patria respinto?...
Ahi! dura sorte...
da lei, da lei diviso!...
Mai più baciar... mai più...
né l'amor mio, né'l suol natio!...
È de la vita il sol per me già spento,
spento il sorriso...
O disonore!...
O spasimo!... O sgomento!...
Men cruda è Morte!...
(dopo una breve pausa, con affanno)
Pur su la bionda testa de la diletta mia,
s'addensa livida nube funesta...
(soavemente)
Constar non vò più lacrime,
fanciulla, a'l tuo bel ciglio...
Ogni ribelle palpito reprimerò d'amor,
e svanirò ne'l lugubre sentiero de l'esiglio,
se a brani'l reo martirio farmi dovesse'l cor!...

Ma te l'avverso turbine non colga,
o fior gentil:
e se negato è a'l profugo,
sempre a te rida april!
(con risoluzione)
Cessin gl'imbelli gemiti!...
Fuggano i sogni d'òr!
A l'esiglio!... a l'esiglio!...
(s'avvia pel fondo)

Imogene:
(dalla dritta, concitata, movendo incontro a Leonato)
Leonato!

Leonato:
(con viva gioia)
Tu?...
Ti rivedo, mia vita ancor!

Imogene:
A te vicin mi tragge amor!...

Leonato:
(quasi per prostarsi)
A'l suo divin potere io credo,
a te prostrandomi...

Imogene:
Qui... su'l mio cor!

Leonato:
(con entusiasmo)
Ah! No...
misero appieno ancor non sono,

se tu mi serri in così dolci spire;
se su'l tuo sen, beato,
m'abbandono per dirti:
t'amo ancor!...
Pria di morire...

Imogene:

(con tenerezza)
Ombra, polve, chimera...
a te d'accanto è de la sorte la crudel minaccia:
io benedì o a'l mio dolore e a'l pianto,
se a me lo terge amor fra le tue braccia!...

Leonato:

(commosso)
Pia creatura,
tu de l'amor co'l balsamo,
lenisci la mia ferita!...

Imogene:

(fra le braccia di Leonato, dolcissimamente)
E lasciarci dovremo?...
E non può eterna esser quest'ora,
o in essa soavemente chiudersi tutta la vita?...

Leonato:

(sciogliendosi da Imogene)
O vil Cloteno,
che suggesti il tuo fiel a'l seno materno,
e stendi già l'impura ugna su lei...
barbaro padre, ingrato re,
che da lei mi svelli a forza,
tutte scagli su voi le sue folgori'l ciel!

Imogene:

(supplichevole)
È il padre mio...
perdona!...

Leonato:

(dominando il suo impeto d'ira)
È vero...
Ma l'ora scorre...
A'l mio pensiero vigor non tòrre!...

Imogene:

(con effusione)
Vanne, vanne...
e rammenta ch'io t'amo sempre...
È mortale lo spasimo ch'io provo;
ma ti sarò fedel, mio santo amore,
sino a la tomba!

Leonato:

(appassionatamente)
Tu pur rammenta ch'io t'amo sempre...
È l'istesso tuo spasimo ch'io provo;
ma ti sarò fedel, mio santo amore,
sino a la tomba!

Imogene:

(togliendosi dal dito un anello, che porge a Leonato)
E questa gemma,
tenero pegno de la mia fè,
teco rimanga, ne mai ti lasci,
giuralo, sino a quel di che tu estinta pianga!
Ad altra donna allora...
(interrotta dalle lacrime)

Leonato:
Ad altra? Mai!
Tu mia vivrai...
Io tuo morrò, Imogene!
(vivamente, e poi togliendosi dal braccio uno smaniglio)
Questo smaniglio d'or
il braccio annodi a te,
come t'annoda il cor
la tua giurata fè!...

*Cinge il monile al braccio d'**Imogene**.*

Imogene, Leonato:
(l'uno fra le braccia dell'altra, sottovoce)
Dividerci non può mortal, nè Dio!
S'incontreran, cercandosi,
il tuo pensiero e il mio...
S'incontreran, gli umani ceppi infranti,
là, ne l'immenso spazio,
i nostri spirti erranti...
Allora estasi calme
avrà per noi l'amor...
Come le labbra,
l'alme si baceranno allor!...

Pisanio:
(dalla dritta, entrando, e cautamente)
Amor v'acceca, e vigila 'l sospetto!...

Leonato:
(indicando a Pisanio Imogene, da cui si stacca)
Affido a la tua fè l'orgoglio mio!

Imogene, Leonato:
> *(con tutta l'anima)*
> Quaggiù, eternamente addio!

> **Pisanio** *conduce via* **Imogene:** *Leonato s'allontana per la sinistra.*

> *Pausa*

> *Sulla trireme romana appaiono i nocchieri, che l'apprestano alla partenza.*
> *Dalla dritta entrano* **Caio Lucio, Jachimo** *e i duci romani dell'ambasceria.*
> **Jachimo** *va a sedere, pensoso verso il fondo sovra un masso.*
> *Poi giovani britanne vengono a offrire da bere in coppe di corno ai romani.*
> *La scena s'anima a gradi.*

Nocchieri:
> *(sulla trireme)*
> Alito sacro di guerra,
> onde l'aura commossa freme,
> sospiri ardenti, che verso la patria movete cupidi,
> deh! Voi guidate la ferrea trireme presta a salpar!...
> Vola, o trireme, di pugne nunzia,
> vola sul mar!...

Le Britanne:
> *(ai duci romani)*
> La coppa ospitale vogliate,
> o romani, de'l britanno re libar!
> La tazze quest'oggi,
> gli acciari domani forte s'odano cozzar!...

I Duci:
> *(levando in alto le coppe)*
> Giove dator,
> tu sai che grave soventi agli uomini e il lauro ancor!

Quando di rose tu ne coroni e le nettaree coppe ne doni,
che fan di cieli feste sognar,
Nume ti sveli che non ha par!

Le britanne si ritirano a dritta.

Caio Lucio:

(avvicinandosi a Jachimo)
Che pensi, che libri, Jachimo?...
Ti desta! Partiamo!

Jachimo:

(alzandosi e poi fra se)
Partiamo!...
e cogliere non può l'invitta mia mano quel fior?...

I romani si avviano verso il fondo, dialogando.

Leonato:

(ricomparendo dalla sinistra, a Caio Lucio)
T'arresta, o messa di Roma!

Jachimo:

Ei!

Lucio e Duci:

Postumo!

Leonato:

Io vo in bando: v'è noto...
Che asilo la vostra trireme m'accordi!

Lucio:

(indicando la trireme a Leonato)
V'ascendi!

Leonato:
>Mercè!...

Lucio e Duci:
>(tra loro, additando Leonato)
>L'angoscia de'l core ne'l volto egli mostra...

Jachimo:
>(con ironia)
>Angoscia che degna d'un prode non è!

Leonato:
>(fieramente a Jachimo)
>È degna e giusta, o cinico guerrier!

Jachimo
>(come prima)
>Parli tu il ver?...

Leonato:
>Io, demente, adorai quanto un nume s'adora
>de'l mio re la figliuola
>e me i Numi punir

Jachimo:
>Oh! Per amor gemente un eroe?... Dimmi...
>ancor nasce in cerebro umano un simile delir?

Leonato:
>(con entusiasmo)
>La più vaga e pudica d'ogni donna è la mia:
>n'è la terra superba, e n'ha il ciel gelosia...

Lucio:
>Baldo encomio!...

Jachimo:

(scetticamente)
Di donna ha la virtù non credo,
e men... d'una britanna!...
Io l'universo vedo in Roma,
e altrove sorgo non uomini ma servi codardi...

I Duci:

(indicando Jachimo)
E ben favela...

Leonato:

(con sprezzo verso Jachimo)
A' detti tuoi protervi il mio tacer risponda...

I Duci:

Non più!... millantator!...

Jachimo:

(avvicinandosi a Leonato astutamente)
Pur talor – strani augelli de l'aere
su la terra raccolgono il vol;
e la donna e l'amor, tue dovizie,
niun difende da l'avido stuol...
Sconsigliato, un sagace predone,
un giocondo garzone,
l'una e l'altro ti ponno rapir!...

Leonato:

(energicamente)
Benchè molti ne vanti tua patria,
niun predon mi torrà quell'amor;
ne d'astuto mortal potrà insidia offuscar
di mia donna il candor!

La mia spada e il favor de gli Dei,
detrattor che tu sei,
l'uno e l'altro sapran custodir!

Lucio e Duci:
(frapponendosi)
Cessi alfin, cessi il lungo garrir!...

Jachimo:
(risoluto, poi ai duci e a Leonato)
No! gaia sfida io getto a la sua boria...
Diecimila sesterzii
contr'ogni offerta tua pronto scommetto
che in venti dì mi basterebbe il cor
di spogliar la tua donna di quel vanto,
onde cotanto meni scalpor!...

Lucio e Duci:
Insana sfida!

Leonato:
(indicando Jachimo)
Certo di sua sconfitta, io la raccolgo,
e pongo ogni aver mio contro i sesterzii suoi!

Jachimo:
Ogn'aver tuo scommetti?

Leonato:
(solenne)
Il ciel n'attesto...
Tutto... se infida a me provi Imoge!
(avvicinandosi a Jachimo)
Fra venti t'attendo in Caledonia,
presso al roman campo.

Lucio e Duci:
In un papiro sien fermati i patti!...

Jachimo:
(a Leonato, sarcastico)
Sta ben, qui resterò furtivo va...
Ci rivedrem!...

Leonato:
(calmo)
Fra venti dì...

Jachimo:
(ghignando)
Ah! Ah! Ah!

Lucio e Duci:
Ascendi!...

*Indicando la nave a **Leonato**, che v'ascende con loro.*

Nocchieri:
(sulla trireme)
Pronti siamo a salpar!
Come prima.
Vola, o trireme,
di pugne nunzia,
vola sul mar!...

La nave muove sul fiume.
***Jachimo** dalla riva la segue con lo sguardo.*

Cade la tela.

Cloteno - *Contralto*

ATTO SECONDO

La reggia di Cimbelino

Vestibolo di stile primitivo sostenuto da tronchi d'arbori dipinte, tra cui pendono a mò di tende grossolani drappi istoriati.

All'ingiro trofei di guerra e di caccia: seggi informi di pietra: torcie a vento.

In fondo, nascosto da cortinaggi, un cubicolo rischiarato da ferrea lampada scendente dall'alto: rozzo letto di sasso ricoperto di pelli ferine.

È notte.

Jachimo - *Baritone*

Cloteno dalla sinistra, poi di contro Jachimo.

Cloteno:
> Respinto ancor!... respinto!
> O regal sangue ne le vene fluente,
> contro indomata feminil ritrosia,
> che puoi tu dunque?
> Tanto val, per li Dei,
> d'un mendico esser prole!

Jachimo, camuffato da pastore britanno, entra, e s'arresta in fondo.

> Ed or?...
> Questa ribelle punir dovrei...
> Imporle l'amor mio...
> Vaghe parole, ma parole, parole!...

Jachimo:
> *(in fondo, cantando con indifferenza)*
> Vuol di sol
> carezze il fior e d'amor
> carezze vuol di donna il cor!...

Cloteno:
> *(scosso, accorgendosi di Jachimo)*
> Chi è la?... chi sei?... che canti?...

Jachimo:
> *(avanzandosi, e sempre simulando)*
> Una canzon, una vecchia canzon,
> di cui smarrito era in Britannia il suon...

Cloteno:
> *(squadrando Jachimo)*
> Fisso mi guarda!...

Quel ghigno astuto ignoto affatto non mi tornò...
O ch'io m'inganni,
t'ho ier veduto ronzarmi a torno...

Jachimo:
(umilmente)
Cercando io vo di te, mio prence...

Cloteno:
Me?... Che dimandi?...

Jachimo:
(con attestata solennità)
Come negli astri d'un ciel seren,
ne' tuoi pensieri leggo.
Di grandi anime il foco scalda Clotèn,
ed a le molli d'amor dottrine
culto ei non offer di Schiavo a re.

Cloteno:
(fissando Jachimo, sorpreso)
Divinatore sei tu?...

Jachimo:
(indicando se stesso, con enfasi)
Confine non ha di Rufo la scienza!...

Cloteno:
(meravigliato)
Che?...

Jachimo:
(con insinuazione)
Su' sensi tuoi, nobili e ardenti,

bellico istinto non abbia imper...
Tenero, blando Clotèn diventi...
Il rude labro sia lusinghier...
Non brilli ardito, languisca il ciglio...
La man, che solo trattò l'acciar, tratti la cetra!...

Cloteno:

(approvando)
Saggio consiglio!

Jachimo:

(a mezza voce)
Fia tua Imogene,
se confidar in me
il tuo cor vorrà...

Cloteno:

O stupor!...
(tra sè con ebbrezza)
Gioia!... delir!...
toccar la meta,
ansia segreta de' miei desir',
alfin potrò!

Jachimo:

(tra se, scaltramente)
Il laccio ordir ben io gli seppi:
è da' miei ceppi non puo fuggir:
certezza n' ho!

Cloteno:

(deciso a Jachimo)
Confido in te!...

Jachimo:
> Libero accesso appo Imogene
> a me venga concesso!

Cloteno:
> *(verso sinistra)*
> Olà!...

> *Un'Ancella dalla sinistra.*

L'Ancella:
> Prence!...

Cloteno:
> *(all'ancella, autorevolo, indicando Jachimo)*
> Mercede, ancella, avrai degna di me.
> Venga a quest'uom concesso
> libero accesso appo Imogene!

L'Ancella:
> Il cenno tuo m'è legge...

Jachimo:
> *(all'ancella, che esce subito)*
> A me tu l'addurrai!...
> *(Indi a Cloteno, come prima)*
> La notte è bella... la luna in alto:
> d'amore un inno via pe'l seren de l'etra aleggi,
> soave assalto a'l cor di lei...

Cloteno:
> T'intendo appien!
> *(tra sè, come prima)*
> Gioia!... Delir!...

Toccar la meta,
ansia segreta de' miei desir',
alfin potrò!

Jachimo:
(tra sè, come prima)
Il laccio order ben io gli seppi:
e da' miei ceppi non puo fuggir:
certezza n'ho!

    Cloteno *esce vivamente per la dritta.*

Jachimo:
(seguendo Cloteno con lo sguardo)
L'inebria, l'acceca insano gioir,
e a l'opra mia bieca l'astringe a servir!
(fieramente)
Dovrà, folle, su te...
sovr'ogni cosa...
la mia biga passar precipitosa,
anelando l'allor!
Fiero assillo mi punge,
e mi trascina di colui la baldanza...
e una divina visione de'l cor!
(con profonda espansione)
Si, vagheggiata immagine,
te sempre, ovunque io miro:
il tuo fulgor m'irradia,
gli olezzi tuoi respiro...
Quanti sopiti fremiti
in sen ridesti m'hai!
Quanti novelli gaudii indovinar mi fai!...
Ne'l mio cammin di tenebre
che il tuo poter mi guidi...

come la speme a'l naufrago,
o donna, a me sorridi!...

L'Ancella dalla sinistra, precedendo **Imogene** *e* **Jachimo**.

L'Ancella:
La figlia del Re!

Jachimo:
(ricomponendosi)
Dessa!

Imogene:
(entrando, a Jachimo)
D'Imogene chiedesti tu?

Jachimo:
(avvicinandosi a Imogene, sottovoce)
De l'uom che t'ama in nome...

Imogene:
(colpita vivamente)
Che! Leonato...

L'ancella esce a un rapido cenno di **Imogene**.

Jachimo:
(tra se)
Oh, come avventurato egli è!

Imogene:
(concitata a Jachimo)
Dì... parla...
mi t'invia il mio dolce proscritto?...
Ov'è?... ove il delitto d'avermi amato espia?...

Che medita?... che brama?...
Sempre volano a me i suoi sospiri?...
E m'ama ei sempre?...
Parla! deh!...
(con tutta l'anima)
Parla, ricordami ch'io vivo ancor!...
converti in estasi il mio dolor!...
(notando la freddezza di Jachimo)
Tu taci, invece?...

Jachimo:

(con ipocrisia)
Oh, come avventurato egli è!...
oh quanto frale e stolido
soventi è il senno umano!...

Imogene:

(sorpresa e poi energica)
Che intendo?...
Aperto esponi il tuo Messaggio,
arcano ambasciador!
Ragioni a la figlia de'l re!...

Jachimo:

(inchinandosi con simulazione, e poi seccamente)
Postumo a te per l'umile mio labro,
o donna, porge il suo saluto...

Imogene:

(con amara sorpresa)
Gelido per me il cor suo... così?
No... ne'l tuo detto il vigile sguardo,
o pastore, scorge sagace fiel...
Ripeto: pensa chi sono!...

Jachimo:

(scaltramente)
Si, sei tu Imogene,
 ed ami tu Leonato:
è desso, o illusa, che l'istesso,
ahi! non è più d'un dì...

Imogene:

(trasalendo)
Se il ver tu narri, taci...
Oh! Taci allor!

Jachimo:

(con enfasi crescente)
Fra l'orgie e i baci di compri amor,
cinta la chioma di mirti e rose,
ore festose ei tragge in Roma...
Tuffar ne'l vortice d'ogni piacer
ei volle i turbini de'l suo pensier...
Ma il tosco penetra
sottil de'l vizio ne' cor, là giù...
e le sue vittime
l'almeno baratro non rende più!...

Imogene:

(con angoscia)
Da raccapriccio e da sgomento
quest'alma attonita colpita fu!
Tradirmi... immemore di me?
Da'l credervi rifuggo, miseria!
Ma, pur colpevole, che l'amo io sento
d'inestinguibile amor quaggiù!...

Jachimo:

(con effusione incalzante)
Oh! Se tale un tesor
possedessi d'amor,
come altero ne andrei!...
Come agli uomini e a'l ciel
nasconderlo vorrei con gelosia fedel!...
(avvicinandosi vivamente)
O pia fanciulla,
se l'affetto di quell'immemore ti fugge,
un altro cor per te si strugge,
che come iddia t'adora...
(per prostarsi a Imogene)

Imogene:

(retrocedendo, con energia)
In piè!... mentisti!...
Lungi da'l mio tetto,
vituperato, empio, da te!...

Jachimo:

Mentii... confesso...
(rialzandosi e a stento reprimendo l'ira)
Il prode che a te inviato
m'ha tal prova ingiunse...
Ed ora ei saprà...

Imogene:

(con impeto)
Menti ancora! va!...

Jachimo:

(fra se fremente)
Qual donna!...
O tu, frode, m'aita, dunque!...

Imogene:
(fieramente indicando l'uscita)
Va!...

        Jachimo esce per la dritta.

Ne avea ribrezzo qual di serpe!...
A'l covo natio ch'ei torni...
L'alito suo non offuschi
il candor de' miei pensieri,
che tutti a te, o Leonato,
ascendono, a te supremo
arbitro de' miei giorni!...
(con estrema tristezza)
Perchè seguirlo non potei del guardo
sino a l'estremo margine del mar?...
E perchè non potei con lui migrar,
in alcion mutata, a vol gagliardo?!...
(teneramente)
Ma su'l mar, ma su'l lido straniero
il mio povero cor lo seguì;
e su l'orme de'l fido guerriero,
franto in brani, vagò da quel dì...
Sola, stanca, il mio core,
il mio bene io richiamo
co'l mesto sospir;
ma son mute le barbare arene
che il mio cor, che il mio ben mi rapir!
(come in estasi)
O spiriti amanti lassu vaganti,
o larve liete,
perennemente ricongiungete
questa dolente a'l suo fedel,
in terra, o in ciel!

S'avvia lentamente verso il fondo, e s'abbandona sul letto.

Ecco: non mai piu dolce a'rai scese il sopor

Man mano addormentandosi, mormora.

A'l mio fedel mi congiungete voi...

S'assopisce del tutto: silenzio.

Jachimo, *tornando cauto dalla dritta,* **Imogene** *assopita. Poi di dentro voci di* **Cloteno** *e suoi partigiani.*

Jachimo:
(inoltrandosi, sordamente)
Solo... ne l'ombra...
(guardandosi d'intorno)
Chi dorme là?...
Dessa!... Imogene!... ardir!
Titubare in quest'ora è dirsi vinto...
Forse è perir!...
(solenne)
Ne l'ampio tuo manto ravvolgimi...
di te, notte bruna, ho mestier!...
T'invoco, silente mio complice,
profondo de l'aer mister!...
(s'appressa a Imogene assopita)
Ecco la flava iddia, degna di Roma! O gaudio!...
A me, senza difesa, s'offre il corpo procace,
e sovr'esso... mia preda s'io vo'...
respiro l'alito soave e noto i numeri
del cor, sparviero auduace.
Oh! mai non vidi, mai tante vaghezze unite
sotto l'ali de'l sonno!

Labbra beate inver
cui Venere prepara le feste a me inibite!...
Che fia, se osassi? Ahimè! L'ora incalza...
Ottener deggio da l'arte quanto la sorte rea mi nega...
Del falso mio trionfo un segno!...
(scorgendo al braccio di Imogene lo smaniglio di Leonato)
Al braccio, ve', uno smaniglio!...
Piega la fronte, o Sorte, a me!
(s'accinge ad involare lo smaniglio)

Imogene:
(nel sonno dolcemente)
O spiriti amanti,
Lassù vaganti...

Jachimo:
(indietreggiando)
Si desta!... No...
ne 'l sonno mormora ingenui voti il suo cor...
S'attenda!

La voce di Cloteno:
(dalla dritta, intensamente)
Ho detto a le stelle
che parlin di me a te,
o fior de le belle!
Ho detto anco a' fiori
che parlin di me a te,
o stella dei cori!
(con maggiore espansione)
E poscia de' zeferi
l'ho detto a'l sussurro,
a l'etere azzurro,
a' cheti ruscel' !...

Jachimo:

(con rabbia, ma sempre piano)
È Cloteno!
Ed io stesso, malcauto, il consigliai... Irrision!
Tacer lo faccia con le folgori sue Giove nemico...
O che perduto io son!

La voce di Cloteno:

(proseguendo il canto)
Se udire ch'io t'amo
da me non vorrai,
da l'onde l'udrai,
da' prati, da 'l ciel!

Voci dei partigiani:

Se udire ch'io t'amo
da me non vorrai,
da l'onde l'udrai,
da' prati, da 'l ciel!

Imogene:

(sempre dormendo)
Voi, larve liete,
mi congiungete a 'l mio fedel
in terra... o in ciel...

*Nel frattempo **Jachimo** invola lo smaniglio e s'allontana cauto.*

Cala la tela.

Cajo Lucio - *Bass*

ATTO TERZO

Bosco sacro di Lud

Nel fondo arida via, fiancheggiata da elci e querce.

Nel mezzo il rozzo simulacro di Eso, il Marte britanno, dinanzi a cui, sovra il rogo, vedersi fumare un sacrificio. Il tramonto.

*L'**Archidruido** alla testa dei Druidi in giro al simulacro di Eso.*

Pisanio - Bass

Druidi:
>Già d'ignei nugoli s'erge
>in onde furibonde il sacrifizio.

Aechidruido:
>Eso è propizio!

Druidi:
>In sue reliquie denso fumo
>si consuna il sacrifizio.

Aechidruido:
>Eso è propizio!

Druidi:
>Piu vestigio non rimane
>de l'immane sacrifizio.

Aechidruido:
>Eso è propizio!

Druidi:
>Eso è propizio!...

>*Irrompe gaiamente dal fondo un gruppo di giovani britanne,*
>*scarmigliate, agitanti una picca, e intreccia dinanzi al Dio le*
>### DANZE CARATTERISTICHE
>*Al termine di queste, s'avanzano processsionalmente dal fondo prima*
>*i bardi con le cetre, poi **Cimbelino**, la **Regina**, **Imogene**, **Cloteno**,*
>*il seguito, duci, guerrieri e ancelle.*
>***Pisano** a capo degli schiavi.*
>*Popolo in fondo.*
>*L'**Archidruido** e i druidi.*
>***Imogene**, bianco vestita, è tutta cinta di sacre verbena e di vischi.*

MARCIA RELIGIOSA

Tutti:
    Eso, da' tardi secoli
    nostro vegliante Nume,
    il tuo favor Britannia
    s'aduna ad impetrar...
    Di Lud il sacro fiume straniero pie'
    non possa mai varcar!...

Cloteno:
    (tra sè, fissando Imogene)
    Io l'ebrezza pregusto de' celesti...
    ed ella, in mesti pensieri assorta ognor,
    ahi! me non cura...

Imogene:
    (tra sè, concentrata)
    Nè raggiungerti posso,
    o sacrilega man,
    che mi furasti il don de 'l mio tesor?
    Su me sventura!

I bardi:
    (verso il tempio)
    Vivente simulacro,
    che il cruento lavacro ami,
    Dio battaglier, oggi un inno gagliardo
    a la cetra de 'l bardo
    inspiri il tuo poter!
    Ecco: spavaldi scendono
    in campo i tuoi nemici,
    noi disfidando a te:
    ma Roma altera l'impeto

di tue saette ultrici
estermini a 'l tuo piè!

Guerrieri:
(verso il tempio)
Quando faville corrusche
mandano le tue pupille;
quando, convulso gigante,
t'agita di sdegno impulso,
sino da' cardini trema la terra
e formidabile grido di guerra
da le sue viscere risponde a te.
Ti scoti, adunque:
sfolgora, le invitte armi sprigiona:
di gloria tu corona,
Nume, la patria e il Re!...

Drudi:
Eso, a te laudi!

Tutti:
Laudi, Eso, a te!

Cimbelino:
(dopo aver imposto silenzio con gesto)
Guerrieri, bardi, druidi,
brandi, verbene e cetre,
tutti baciam la polvere
di queste auguste pietre!
Eso, da' tardi secoli
nostro vegliante Nume,
fa il detto tuo fatidico
terribile tuonar:
(con solennità)

Stranier non varcherà
di Lud il sacro fiume:
il Nume tutelar
per tutti pugnerà!

Tutti:
Stranier non varcherà
di Lud il sacro fiume:
il Nume tutelar
per tutti pugnerà!

Movimento d'entusiasmo.

Cimbelino:
(gravemente, dopo pausa)
Ma del supremo istante a l'appressar
che guerrier mi reclama,
altro desia solenne rito
compiere il genitor.

Cloteno:
(tra sè)
O gioia!

Imogene:
(tra sè)
Orror!

Cimbelino:
(indicando Imogene e Cloteno)
Imogene, mia figlia,
a Cloteno, figliol de la regina,
si giuri sposa!

Tutto il Coro:
>Gloria a Clotèn!...
>Gloria a Imogene!...
>Gloria, coppia festosa, a te!

La Regina:
>*(tra sè)*
>Son paga!

Imogene:
>*(tra sè)*
>De la fossa il gelo sento ne'l petto.

Cimbelino:
>*(indicando il simulacro a Imogene)*
>De'l Nume tutelar vieni a'l cospetto...

>*Squilli iterate di trombe.*
>**Cimbelino**, la **Regina**, **Cloterno**, **Imogene**, **Pisanio**,
>*druidi, bardi, seguaci, gruerrieri, ancelle e popolo.*
>*Poi dal fondo* **Leonato**, *da duce romano, a cavallo.*
>*Con lui* **Jachimo** *e centurioni.*
>*Scena animata.*

Tutti i Britanni:
>*(in scena)*
>Qual di trombe clangor?

Gruppo di Bardi e Druidi:
>*(guardando verso il fondo)*
>Son stranier!

Gruppo di Guerrieri:
>Scalpitio di destrier!

Imogene:
> *(tra sè)*
> Grazie, o Numi!

Cloteno:
> *(tra sè)*
> O furor!

Cimbelino:
> *(accorso in fondo)*
> Son romani!

Druidi e Bardi:
> Un'insidia! un'insidia!...

Guerrieri:
> *(proropendo)*
> Che i piani de'l lor sangue rosseggino!
> Picche ed archi impugniam!...

Tutti:
> Muti, impavidi attendiam!

Entrata dei romani dal fondo.

Leonato e i Romani:
> *(scendendo dai cavalli)*
> Re Cimbelino, salve!

Tutti I Britanni:
> Leonato!!

Movimento generale vivissimo.

Leonato:

(avanzandosi, a Cimbelino)
Augusto imperador,
ond'io l'eccelsa maestà rappresento,
udì il rifiuto de l'annual tribute,
e a Cimbelino e a la Britannia
intima la decretata guerra mortal!
(piantando l'asta al suolo)

I Romani:

Guerra mortal!

I Britanni:

Si, guerra mortal!...

Imogene:

(tra sè)
Troppo quest'è soffrir!

Leonato:

(notando Imogine, *tra sè)*
E dessa!... dessa!...

Cimbelino:

(fremente d'ira a Leonato)
Ma, prima, io da te apprenda
se di Britannia s'addica a un figlio,
tra insegne barbare fissa la tenda,
movere ostil contro la patria,
transfuga vil!

Leonato:

(a Cimbelino)
Ne'l turpe esiglio cui mi dannasti,

a' tuoi rimprovero...
(indicando i Britanni)
a l'ire lor parato ho il cor.
Saper ti basti vile l'inulto somma mercè!

Cimbelino:
Che parli?

Jachimo:
(tra sè rapidamente)
A me Fortuna instabile mantenga fè!

Leonato:
(ferocemente solenne)
Vacillerà de le corti nemiche
a'l pondo de la Britannia il suol,
 e, informe mucchio di macerie,
tomba, darà appena a' suoi morti,
pasto giocondo a l'aquila romana
e de' corvi a lo stuol,
e la memoria sua
l'età lontana cancellerà!...

I Britanni:
(tumultando contro Leonato)
S'uccida!...
Facciasi a brani!...

Imogene:
(desolatamente)
Leonato!...

Cimbelino:
(indicando con sprezzo Leonato)
In sè, non è!...

Leonato:

(proseguendo con ira crescente)
Poi che britannia vergine,
speme e delizia mia,
che un Nume detto avria de la fè,
de l'amor, de'l ciel più pura,
amore, fede e cielo rinnegando,
marchio nefando, che non regge l'oceano,
 ha su voi tutti inciso!
(uscendo lo smaniglio d'Imogene, e gettandoglielo cieco di sdegno)
A te, spergiura!...

Grido d'orrore d'Imogene e movimento, poi silenzio.
INSIEME

Imogene:

(con voce strozzata, a Leonato)
No... la voce tua severa
non mi sacri a'l disonor;
che l'accusa è menzognera,
menzogner l'accusator!
(indicando lo smaniglio)
Dolce pegno!...
chi'n tua mano arme orrendo, chi ne fè?
Chi crudel ti volle è insano?
Senno e cor chi spense in te?...

Leonato:

(amaramente a Imogene)
Sento io pur d'averti amata
quanto amar può umano cor,
e la vita avrei gettata,
proclamando il tuo candor...
Onta a me, che mi composi quasi un idolo di te,

ed in esso tutta posi,
sconsigliato, la mia fè!

Cimbelino:

(a Leonato, severo)
Tregua ormai!...
Ne'l triste accento si riflette il triste cor.
Tregua ormai!...
Di tradimento mal favela un traditor,
Ella è d'altri:
io l'ho promesso:
salda torre è la mia fè.
Per te sol paventa adesso...
un nemico io veggo in te!

Jachimo:

(tra sè)
Ne la piena de l'ebrezza
de l'orgoglio vincitor,
improvviso d'amarezza
prova un senso il torvo cor.
La vergogna, il grave affanno,
che si librano su te,
requie forse negheranno
fin ch'io viva, o donna, a me!

Cloteno:

(a Leonato, additando Imogene)
Ti sovvenga che in colei
tu Cloteno offendi ancor;
ti sovvenga chi tu sei,
venturiero traditor!...
Essa è mia:
me la donava presso a l'ara il padre, il re!

Chi la patria rinnegava più
non merta amor, ne fè!

La Regina, Pisanio, i Britanni:
Non ha fren,
non ha misura lo stupor,
lo sdegno in me.
Alba nunzia di sciagura,
o Britannia, sorge in te!

I Romani:
(verso Imogene, indicando Leonato)
De gli oltraggi ei porta il dritto,
donna impura e senza fè!...
Il tormento che t'è inflitto
provocato fu da te...

Cimbelino:
(energicamente, a Leonato)
Su! Di Britannia rugge il Leon!
A l'armi!... a l'armi!
Da questa terra, che te discaccia,
parti, o fellon!

Jachimo:
(tra sè)
Respiro!

I britanni:
Guerra!...

Jachimo:
(a Leonato)
Partiamo!

Tutti, meno Leonato e Imogene:
(selvaggemente)
Guerra!...

Imogene:
(avvinghiandosi disperata a Leoanto)
Ah no! ti ferma!... Per queste lacrime!...

Leonato:
Vano è il pregar!...

I britanni:
(con impeto)
Strage! Sterminio!...
Inghiotta gli empi di sangue un mar!

***Leonato** parte con **Jachimo** e i daci romani.*
***Imogene**, vacillante, retrocede, sostenuta dalle ancelle.*
***Cimbelino** ordina alla regina, a **Cloteno** e ai britanni di seguirla.*
Vivo movimento.

Cala la tela.

ATTO QUARTO

I dirupi di Milford

Nel fondo, fra tortuose gole, un torrente.

Massi erratici qua e là. E presso l'alba.

*Nella penombra, dall'alto dei monti appare **Pisanio**, che scorta **Imogene**, e con lei scende lento in iscena.*

Regina - *Mezzo Soprano*

Poi, di lontano, voci di pastori.

Pisanio:

(dall'alto, indicando la valle a Imogene)
Là giù...

Imogene:

Là giù...

Pisanio:

Il dubbio tuo passo costanza sorregga!...

Imogene:

(calma)
Non trepido!
Sublime speranza m'infonde vigor...

Pisanio:

(scendendo, a Imogene)
Di stelle fu vedova la notte,
La strada perversa:
le tenebra a lento dirada il primo chiaror de l'alba.
Ecco il termine de'l nostro cammin!...

Imogene:

(già giunta in scena con Pisanio)
O Leonato, o sposo, ti rivedrò qui alfin?

Pisanio:

(simulando)
Si: fu per suo voler
che qui meco t'addussi...
(tra se cupamente)
O sorda pugna tra pietade e dover!

Imogene:
(con anima)
Verrà!...
Di quell'anima scrutar ne gli abissi,
narrargli le funebre giornate ch'io vissi...
i foschi propositi mutarne saprò!
Perirgli, ignominie,
io tutto spregiai...
furtiva, il paterno ostel disertai...
d'amante e britanna ardor m'imfiammò!
(con entusiasmo a Pisanio)
Perchè, mio buon Pisanio, indugia ancora?...
Vien, Leonato, a chi t'adora!...

Pisanio:
(a un tratto, biecamente)
Tu lo chiami indarno!...

Imogene:
(stupefatta)
Qual sinistro balen!...

Pisanio:
(incalzando)
Forza mi fu deluderti...
Trucidarti degg'io,
ed egli esamine mirarti!
È suo voler...

Imogene:
(riavendosi dalla sorpresae avanzando decisa)
Mi svena, adunque!...
Eccoti il sen!...

Pisanio:

(inorridito)
T'arretra!...
Commosso è il cor...
No, non posso!...

Imogene:

(con slancio a Pisanio)
Mi traggi di pena!...
mi svena!
Non esiti la destra fedel!...

Pisanio:

(scostandosi da Imogene)
Che i Numi sien giudici di te!...
(s'avvia lentamente pei monti)

Voci Interne:

(mentre Pisanio s'allontana)
L'alba è in ciel!
A' campi, a' boschi invita il di novel!...

Chiarore d'alba.

Imogene:

(con supremo dolore)
Co' suoi clamor
saluta l'universo la rinascente vita...
Ed io, reietta, disperata, stanca,
ne l'universo, muto solo per me,
la morte, ecco saluto!

Cade piangendo in ginocchio e cela il volto fra le palme.

PAUSA

Leonato, *scendendo dai monti* – **Imogene**

Leonato:
(giusto in scena assorto nei suoi pensieri)
La mia letal vendetta qui testè si compiva...
e, maggior de' miei sensi, resi inerti a lottar,
un poter qui mi tragge...

Imogene:
(rialzandosi, colpita)
Leonato!...

Leonato:
(rinculando con orrore)
Tu!... viva?...
O d'Imogene in te il fantasma m'appar?...

Imogene:
(con esaltazione crescente)
Ah! Si, è lui!...
Stolta fui...
io che a'l fato ho imprecato!...
È il mio ben, che a me vien!...
Ti riveggo... più non chieggo...
tutto l'oblio presso a te!...
(con tutta l'allusione)
Ah! Se pur venga a togliermi la vita lo sposo mio,
ben venga a me!...

Leonato:
(con scoppio d'ira)
No... fantasma non è!

Pisanio vil!...
T'arretra, malvagia!

Imogene:
(concitatamente)
Tu m'udrai!...
Non mi t'involi più!...
Da te sapermi odiata! Da te?...
Agonia più tetra umano cor
giammai non sopportò quaggiù!...
(con angosciosa dolcezza)
T'amo come il dì primo
che i miei ne' tuoi sguardi ristettero immoti,
e mirar novi cieli credei,
radianti di fascini ignoti...
T'amo... e casta son come quel dì,
che a la vita il mio core s'aprì!...

Leonato:
(tra sè)
E plasmata fu sol quella fronte
perchè sculto vi fosse: impudica?...
E de'l cielo ella ha in viso le impronte,
perchè i Numi il mortal maledica?
(con vivo sdegno a Imogene)
Taci!... va!...
Tra noi tutto finì!...
In te il cielo persino mentì!...

Voci, dai monti:
I romani!... A l'armi! A l'armi!
furibondi su noi piombano!...

Imogene:
>(annientata)
>Ahimè!...

Leonato:
>(scosso, con fierezza)
>Sento in cor tuonarmi quelle voci!...

Imogene:
>(disperatamente)
>E in te, implacabile,
>Non ha un'eco il mio dolor?

Leonato:
>(ghermendo Imogene)
>Ti scampò pietà malcauta;
>ma per me moristi, o vile,
>quando altrui, tra baci perfidi,
>tu cedesti il mio monile...

Imogene:
>(presa da orrore)
>Scellerata fu calunnia!...
>tua son io!...

Leonato:
>(respingendola)
>Maga funesta, taci... Lasciami!...

Imogene:
>(respinta, abbattuta)
>Non resta scampo a me!...
>Più mio non è!...

Rapidamente risoluta, si cava un anello dal dito e sugge li veleno chiuso nel castone di quello, mentre **Leonato** *si slancia furioso verso i monti. Crescente fragore di battaglia.*

Leonato:
(nell'avviarsi su per la china, s'incontra dopo alcuni passi in **Jachimo**, *che ne discende in fuga, senz'elmo, le vesti in disordine; e, ravvisandolo, esclama)*
Jachimo!...

Jachimo:
(riconoscendo l'altro, cupamente)
Tu?... Siam vinti!...
Sciagura... alta sciagura!

Leonato:
(fieramente, a lui)
Si... ma su'l reo tuo capo!

Imogene:
(scorgendo anch'essa Jachimo)
E adesso!...

Leonato:
(trascinando a forza sul davanti Jachimo, cui mostra Imogene)
O traditor, vien!...
Ch'io ti sgozzi a'l fianco de la complice impura!

Jachimo:
(sopraffatto, a Leonato)
Come!... Tu per nemico?

Imogene:
(avanzandosi, esaltata, a Jachimo)

Se pur ti basti 'l cor,
ripeti ch'io son rea... ripetilo!...

Leonato:

(*ghermendo Jachimo, cieco di furore*)
Confessa, confessa,
per li Dei!

Jachimo:

(*a Leonato*)
L'orgoglio tuo punir volli...
e per arte vincere la stolida scommessa.
(*indicando Imogene*)
Pura è costei, l'attesto!...
Costei non sa tradir.

Leonato:

(*lasciando Jachimo, stupito*)
Provalo!...

Jachimo:

(*rialzandosi*)
A lei, dormente, furtive m'appressai,
come un predon britanno.
Era caduto il dì,
deserta era la stanza...
solo il monil furai...
Anch'io l'amava...
e pure l'amor non mi tradì!

Leonato:

(*da prima sorpreso, poi furente, a Jachimo*)
Che intendo?... e vivi ancora?...
e sfida l'ira mia, ladro di gemme,

vile frodi tessitor?
(con espansione a Imogene)
Ed io t'ho condannata,
bianca fanciulla pia,
sorriso de l'esiglio,
custode de l'onor!...

Imogene:

(con passione a Leonato)
E tu potevi, ingrato,
scordar così la storia de le divise ebrezza,
del dolce e pio dolor!
E tu, crudel,
potevi negarmi anco la Gloria
de la mia fede intatta,
de'l mio vegliante amor!...

Jachimo:

(beffardo a Leonato, cui mostra Imogene)
Perchè minacci, o stolto?
Mio debitor tu sei!
Come co'l docil veltro si gioca il cacciator,
così teco giocai!
Veda, veda costei se tanta fè tu merti.
O debile amator!...

Leonato:

(con novo impeto, a Jachimo)
Maledetto il giorno sia che in te,
o serpe, m'incontrai!
Tu col sangue sconterai
i tormenti de'l mio cor!...
Con al turpe tua bugia
a l'infamia mi traesti...

dubitar tu mi facesti
de la patria e de l'amor!...

Jachimo:
(*disdegnoso*)
Non ti basta, dunque, il vero?...

Leonato:
(*traendo la spada*)
No... la vita or ti domando!...

Jachimo:
(*imitandolo*)
La risposta avrai dal brando...

Leonato:
Mal risponde un traditor!...
(*avventandosi su Jachimo*)

Imogene:
(*che è frattanto caduta su d'un masso*)
Deh, cessate!...
A 'l ciel severo bastar deve la mia morte!

Leonato e Jachimo si battono ferocemente: questi, incalzato,
retrocede sino alla sponda de torrente in fondo.

Jachimo:
Son trafitto!... Iniqua sorte!...

Vacillando, Ferito, sul ciglione del torrente, vi precipita.

Leonato:
Vendicato è il nostro amor!
(*volgendosi trionfante a Imogene, presso cui corre e si prosta*)

Folle, codardo, ingrato...
e pur m'assolse il fato!
o musa del dolor!
Indegno perdono mi stimerai tu ancor?

Imogene:

(risollevandosi come trasognata)
S'aprono i cieli...
illumina un novo sole il mondo...
è giocondo il mio cor!
Chi parlò di perdono?
Amor, perenne amor!...

Leonato:

(fissando Imogene che gli si abbandona, sfinita, tra le braccia)
Tu vacilli?... scolori?
Un corpo senza vita par ch'io stringa!...
Amor mio!...

Imogene:

(esausta, portando la mano al petto)
O ebrezza nova! Filtro soave!...

Leonato:

(atterrito)
Ciel!... Che festi? Aita!...

I monti si popolano di britanni, agitanti festosi armi, aquile e vessilli.
Cimbelino, *portato in trionfo sugli scudi.* **Leonato, Imogene,** *davanti.*
Spunta il sole.

I Britanni:

Britannia!... Vittoria!... vittoria!...
A te, Cimbelino, sia gloria!...

Appare **Cimbelino**.

Stranier non varcherà di Lud il sacro fiume:
Eso, possente Nume, salva la patria ha già!

Imogene:
(rianimatasi alquanto alla vista di Cimbelino, e sforzandosi di muovergli incontro)
Mio padre!

Cimbelino:
(stupito, scendendo tosto in iscena e accorrendo a Imogene)
Che!... Imogene!

Leonato:
(disperatamente, indicando Imogene a Cimbelino)
Vien! rimira tua figlia, o re!
Innocente ell'era...
ed io la spensi...
L'uccisor d'Imogene e de la patria il traditor punisci!

Cimbelino:
(furibondo, verso Leonato)
Su te il mio sdegno, scellerato!...

Imogene:
(estatica, come fuoe di sè)
A'l cor mi serra, o sposo!...
È l'estasi suprema!...
In me un'ardente onda di vita corre ancor...

Cimbelino:
(desolatamente)
Ah!... figlia per me perduta!... delira!...

Tutti:
O terror!

Movimento generale.

Imogene:
(sorretta da Cimbelino e Leonato, vaneggiando)
Qual'ombra a'l sol, svanito è il duol...
cessato è il pianto,
e ne l'incanto celestiale d'un immortale gloria rapita,
io son smarrita!...
(come inebrita)
Sogno etereo, sogno lene,
ne le rosee tue catene sono avvinta,
viva o estinta no'l so dir!...
Ne lo splendor... de' cieli d'or,
che a l'alma, a' sensi s'aprono immensi...
vien!... ci effondiamo...
ci dileguiamo, o sposo mio...
come un sospir...

*Rovescia il capo sull'omero di **Leonato**.*

Leonato:
Mio bene!...
Invano il pianto mio le gelide gote ti bagna!

I Britanni:
Morta!...

Cimbelino:
(gravemente)
I vessilli a'l suol! Giorno è di lutto,
e non di gloria per te, Bretagna!...

Leonato, *deposto a terra il corpo d'**Imogene**, si prostra.*
*Al cenno di **Cimbelino**, le armi e i vessilli vengono rivolti al suolo.*

Cala lenta la tela.

FINE

www.ingramcontent.com/pod-product-compliance
Lightning Source LLC
Chambersburg PA
CBHW051707040426
42446CB00008B/761